AF509885

DU
MONOPOLE

QUI S'ÉTABLIT

DANS LES ARTS INDUSTRIELS

ET LE COMMERCE,

AU MOYEN

DES GRANDS APPAREILS DE FABRICATION.

PAR J. N. BIDAUT.

Deuxième livraison.

DU MONOPOLE

DE LA FABRICATION ET DE LA VENTE.

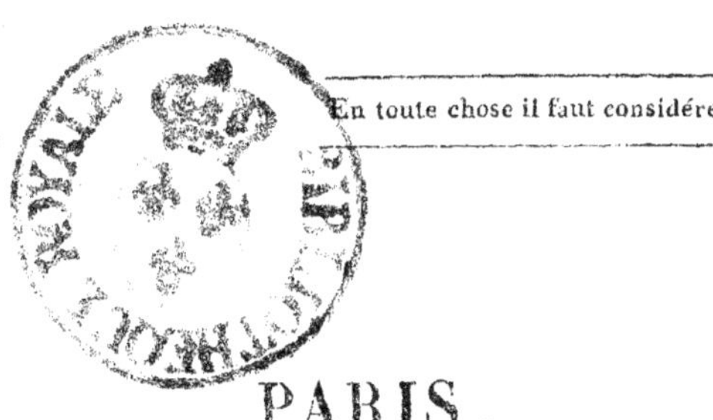

En toute chose il faut considérer la fin.

PARIS,

RENARD, LIBRAIRE,

RUE SAINTE-ANNE, N. 71;

DELAUNAY, LIBRAIRE, PALAIS-ROYAL.

1828.

IMPRIMERIE DE H. FOURNIER,
RUE DE SEINE, N. 14.

PRÉFACE.

L'estimable M. Simonde de Sismondi a déjà signalé, il y a quelques années, dans ses Nouvaux Essais d'économie politique, les graves inconvéniens de l'adoption des mécaniques. Son opinion, traitée alors de prévention fâcheuse et erronée, a été combattue avec chaleur par les novateurs enthousiastes qui sont aujourd'hui, et bien à tort, les régulateurs de la fabrication en France. Cependant, ce qui n'était que position de principe et sage prévision, est devenu une désespérante réalité : une funeste révolution s'opère dans les arts industriels et dans le commerce au moyen des machines ; elles envahissent tous les genres de fabrication ; partout, et tous les jours, elles remplacent des milliers d'ouvriers.

Rien de tout cela ne doit nous surprendre ; nous sommes dans le siècle des merveilles ; il en faut absolument, et l'on en donne à tous prix. Nous ignorons ce que l'avenir réserve à notre admiration, mais nous serons suffisamment satisfait pour notre part, si nous pouvons voir les ouvriers remplacés par la vapeur échapper à l'infamie sans périr de misère ; cela nous paraîtra encore plus merveilleux que les prodiges des mécaniques dont nous allons exposer les résultats inévitables dans notre pays.

A l'occasion de notre première livraison, dirigée contre l'éclairage par le gaz, l'on nous a accusé d'être animé du fanatisme de la routine : on s'est trompé ; aucune espèce de fanatisme ne nous anime. Nous aimons, nous recherchons, avec tous les vrais amis de l'industrie française, les perfectionnemens qui profitent aux ouvriers, qui les élèvent, par le sentiment de leur utilité, dans leur propre estime et dans celle de leurs concitoyens ; nous ne repoussons que les inventions désastreuses qui annulent les hommes et leur ôtent les moyens de vivre honorablement de l'industrie qu'ils ont acquise avec peine et sur laquelle ils devaient toujours compter.

En attaquant le système présenté avec une si grande supériorité de talent par M. Dupin, nous n'ignorons pas que nous courons le risque d'être taxé de témérité ; mais comme nous ne cherchons qu'à être utile en combattant les brillantes mais dangereuses assertions de l'apologiste des machines, nous espérons que nos lecteurs voudront bien nous juger sur l'intention et non sur les moyens.

DU
MONOPOLE

DE LA

FABRICATION

ET

DE LA VENTE.

Deux hommes qui avaient profondément médité sur les intérêts des peuples, et dont l'opinion est irrécusable en France, ont condamné le système de fabrication qui s'établit au détriment de notre classe laborieuse.

Colbert, ce ministre célèbre par la justesse et la grandeur de ses vues, répondit à un mécanicien qui lui offrait une machine propre à faire seule le travail de dix hommes : « Je cherche le moyen d'oc- » cuper le peuple selon ses facultés, afin de le faire » vivre doucement de son travail, et non celui de ra-

» vir au pauvre le peu d'occupation qu'il possède. Por-
» tez votre invention ailleurs ; elle peut convenir dans
» des pays où les bras manquent, elle ne convient nul-
» lement dans celui - ci, où les bras abondent et où
» il s'en faut de beaucoup qu'ils soient tous utilement
» occupés. »

L'illustre auteur de l'Esprit des lois a dit, un siècle
plus tard : « Ces machines, dont l'objet est d'abréger
» l'art, ne sont pas toujours utiles. Si un ouvrage est
» à un prix qui convienne également à celui qui l'a
» fait et à celui qui l'achète, les machines qui en sim-
» plifieraient la manufacture, c'est-à-dire qui diminue-
» raient le nombre des ouvriers, seraient pernicieuses. »
(Liv. 23, chap. 15.)

Si ce ministre habile et ce célèbre publiciste revenaient
de nos jours et voyaient la multitude au moment d'être
privée de travail par les mécaniques et les appareils,
qui produisent tout ce que l'industrie peut inventer,
et par les entreprises et les comptoirs, qui s'empa-
rent de tout ce qui est du ressort du commerce, ils
nous plaindraient de notre égarement et travailleraient
à nous ramener à nos véritables intérêts, en nous mon-
trant la masse des maux que nous nous attirerons
nous-mêmes, si nous ne savons nous arrêter sur le
chemin de l'abîme.

Privé des lumières et de la puissante énergie de ces
hommes illustres, mais animé de leur patriotisme,
nous allons essayer de remplir, autant que nos faibles
moyens nous le permettront, la tâche difficile qu'ils
rempliraient si bien. Puissent nos efforts pour être
utiles à notre pays suppléer au talent qui nous manque, et suffire pour persuader nos lecteurs.

Fabriquer les objets d'une utilité habituelle avec le moins de frais et le plus vite possible, tel est le but que se proposent et qu'atteignent ordinairement les spéculateurs qui établissent des machines : la diminution du prix des objets, tel est, au bout de quelque temps, l'avantage qu'en doivent retirer les consommateurs.

Cela paraît fort utile, et surtout fort innocent, parce qu'on ne pense pas aux graves inconvéniens que ce système de fabrication présente, sous le rapport de l'économie politique de notre pays.

Quel est, sous ce rapport, le résultat du nouveau mode de fabrication? d'obtenir des produits au meilleur marché possible, en faisant faire par un animal, par l'eau ou par la vapeur, ce qu'un grand nombre d'êtres pensans faisaient précédemment. Or, il est certain que ces êtres pensans, organisés pour vivre le moins mal possible, ne travaillaient pas uniquement pour se distraire; qu'ils y étaient forcément déterminés par l'impérieuse loi de la nécessité; qu'ils ne travaillaient que pour pourvoir à leur existence; et que, si des machines font leur office, ils seront privés de tous moyens de vivre. Ce résultat, si avantageux pour les propriétaires de mécaniques, est donc justement contestable, puisqu'il est désastreux pour le pays, dont une partie de la population devient malheureuse, à charge, et même à craindre.

Quelqu'un s'est-il jamais avisé de réclamer contre les manufactures élevées par de vrais philanthropes qui, comme les respectables Oberkampf et La Rochefoucaut Liancourt, connaissant les devoirs rigoureux du riche et les besoins réels de la société, ont répandu depuis trente ans, par le travail manuel, la vie, l'aisance et l'ordre dans des lieux qui, avant eux, n'avaient qu'une population rare, misérable, vagabonde et dangereuse? Non, sans doute, personne n'a songé à une semblable absurdité; mais aussi quelle analogie y a-t-il entre ces bienfaiteurs des hommes, dont le souvenir sera toujours cher aux habitans des lieux qu'ils ont vivifiés, et les égoïstes spéculateurs qui viennent ravir au pauvre le seul moyen honorable qu'il ait pour subvenir à ses besoins et à ceux de sa famille? il n'y en a aucune; et les personnes qui trouveront notre entreprise étrange, et même déraisonnable, seraient émues d'une douloureuse pitié, si elles étaient témoins de la situation de ceux dont nous défendons les intérêts; car, nous en sommes persuadé, ces personnes ne sont point inhumaines, elles ne sont qu'égarées par l'attrait d'une économie apparente de dépense; et nous ne perdons pas l'espoir de les ramener à notre sentiment quand nous aurons prouvé que les spéculateurs que nous combattons abusent le public ou s'abusent eux-mêmes, qu'ils sont irréfléchis ou cupides, qu'ils ne pensent nullement au bien du pays, ou qu'en désirant le faire ils feraient sa ruine si on ne s'opposait pas à leurs entreprises envahissantes.

Pour faire bien connaître les désastres dont les classes ouvrières sont menacées, jetons un coup d'œil sur les conséquences des procédés qui s'établissaient dans la fabrication de tous les objets usuels, au moyen des mécaniques.

Pendant long-temps, une grande partie de la population de nos campagnes a amélioré son sort par la filature des matières ligneuses brutes, et par le travail des métiers à tisser de toutes les espèces. Chaque métier occupait alors un individu, homme ou femme ; les vieillards et les enfans même gagnaient quelque peu et soulageaient d'autant leurs familles, qui, joignant l'économie au travail, parvenaient à se procurer quelques petites parcelles de terre qui les aidaient à vivre. Il n'en est déjà plus ainsi, et bientôt, si l'on n'y met ordre, tous les petits propriétaires qui joignaient le travail manufacturier à la culture seront dépossédés et ruinés, parce que toutes les matières premières seront filées et tous les tissus seront faits par des mécaniques mues par un très-petit nombre d'hommes, lorsqu'elles ne le seront pas par des animaux, par l'eau ou par la vapeur ; dans ce dernier cas, quelques enfans ou quelques femmes seront seuls employés à des travaux secondaires.

Ce perfectionnement, tant vanté, enrichira énormément un millier de familles, et ôtera le pain à plus de six cent mille ouvriers de l'un et de l'autre sexe, et de tout âge (1).

Les machines à tisser sont celles qui portent les plus rudes coups à la classe ouvrière des campagnes ; mais il en est malheureusement un grand nombre

---

(1) Par une contradiction inexplicable, lors de l'exposition des produits de l'industrie, les mêmes journalistes ont loué, comme ils le devaient, la fabrication partielle, qui a encore lieu dans les chaumières de quelques départemens, et ont exalté avec emphase les mécaniques à vapeur, qui exécutent la fabrication en grand, sans bras et seulement dans d'immenses ateliers. Que penser de leur jugement ?...

d'autres dont la funeste influence se fait sentir dans toutes les parties de notre belle France. Les machines à vapeur, quoique présentant d'épouvantables dangers à ceux qui les emploient, se propagent par tout et remplacent par tout un grand nombre d'hommes, parce que la cupidité risque tout, affronte tout, jusqu'à la mort même, pour se satisfaire.

La nomenclature de ces dangereuses machines serait fastidieuse et fatigante ; tout le monde les connaît, tout le monde sait que les spéculateurs les appliquent à tous les genres de fabrication, qu'ils en augmentent tous les jours le nombre, et qu'ils font ainsi tous les jours de nouvelles victimes de leur rapacité ; aussi nul autre que nos adversaires ne sera tenté de nous taxer d'exagération si nous portons à quatre cent mille le nombre des ouvriers qui se trouveront bientôt privés, par leur fait, de tout moyen de subsister (1) ; ces quatre cent mille ouvriers de tous genres, joints aux six cent mille tisserands privés d'ouvrage dans les campagnes, font ensemble un million de misérables ; mais ces malheureux ne souffrent pas seuls de la privation de travail qu'ils éprouvent ; ils ont des femmes, des enfans, de vieux parens, de jeunes frères ou de jeunes sœurs à soutenir ; ils présentent ensemble une effrayante masse d'au

---

(1) On assure qu'en Angleterre le nombre de ces machines est maintenant de quinze mille, et qu'elles font plus de travail que n'en pourraient faire deux millions d'ouvriers. M. Owen va plus loin, il assure que deux cents hommes, aidés de machines à vapeur, font plus que vingt millions d'ouvriers privés de ce secours.

moins trois millions d'êtres vivant naguère, sans se plaindre, d'une nourriture grossière de pain d'orge ou de sarrazin, et ne jouissant que d'une misérable existence qui ferait tressaillir de pitié ceux qui, sans même penser à eux, leur laissent ravir leur dernière ressource. Mais telle est l'organisation de notre pauvre espèce, soi-disant sensible et raisonnable, que le consommateur aisé, tranquille dans son habitation et s'inquiétant peu comment les choses dont il a besoin lui arrivent, ne pense pas à la classe péniblement laborieuse qui lui procure ses jouissances ; toujours abondamment pourvu du nécessaire, il n'a pas la moindre idée des horreurs de la faim ; de la faim, mère du désespoir, qui mène au crime ou à la mort.

Cependant ces trois millions de pauvres ouvriers menacés maintenant de manquer du nécessaire, faisaient vivre, en travaillant, d'autres ouvriers et des marchands chefs de famille, qui leur fournissaient les objets d'utilité que le prix de leur labeur leur permettait de se procurer. On ne peut porter le nombre de ces ouvriers et de ces marchands à moins d'un pour cinquante des victimes directes des machines, cela fait soixante mille ; mais comme la plupart sont mariés, ils doivent être comptés comme alimentant leurs femmes et au moins un enfant, ce qui fait cent quatre-vingt mille personnes. Et ces soixante mille chefs de famille, occupant, soit comme ouvriers, soit comme domestiques, chacun au moins un individu de l'un ou de l'autre sexe, on a deux cent quarante mille personnes à joindre aux trois millions d'individus primitivement privés des moyens de vivre par le prétendu perfectionnement apporté dans la fabrication des objets usuels de tous genres. Si l'on voulait pousser plus loin le calcul, l'on montrerait que ces deux cent quarante mille marchands, ouvriers et domestiques, faisaient encore prospérer, à raison de cinquante pour un, plus de quatre mille huit cents autres chefs de famille, ou au moins quatorze mille quatre cents personnes ; et ces dernières encore d'autres, en progression décroissante en nombre, à la vérité, mais ascendante en importance sociale.

Voilà donc trois millions deux cent cinquante-quatre mille quatre cents artisans qui sont, ou qui seront bientôt non-seulement privés d'ouvrage par le fait des mécaniques, mais qui seront encore désespérés par les poursuites des propriétaires, des marchands, des prêteurs, etc., qu'ils ne pourront plus satisfaire, faute de moyens.

Si quelques-uns de ces froids spéculateurs qui ont réponse à tout, osent nous dire que les propriétaires de machines et d'appareils prospèreront, et que les huissiers, les avoués, les notaires, etc., retireront des ventes de terre, de meubles et de fonds de commerce, des procès, des saisies, des prises de corps, etc., des droits qui rentreront dans la circulation ; nous demanderons alors, que ceux qui profitent si tranquillement du désastre d'un si grand nombre d'individus veuillent bien fonder des hospices pour les nourrir ; car s'ils les laissent mourir de faim et de misère, que pensera-t-on de leurs belles et véhémentes apostrophes contre les despotes et les conquérans, qui se jouent de la vie des hommes et les sacrifient à leur ambition ? Du moins ces êtres atroces, si justement abhorrés, nourrissent leurs victimes jusqu'au dernier moment de leur existence, ils ne les font pas périr d'inanition : ce phénomène était réservé à la cruauté froide et calculatrice des capitalistes monopoleurs (1).

Cependant, qui oserait le croire sans preuves? ces spéculateurs si économes du temps et du travail des ouvriers qu'il faudrait qu'ils payassent, jugeant apparemment de la prospérité générale par la leur, se proclament hautement les soutiens de l'État et les pères nourriciers de la classe ouvrière!... On conçoit assez volontiers que ceux qui sont dans l'abondance pensent peu à ceux qui manquent du nécessaire, cela n'est que trop commun parmi les hommes; mais on ne peut concevoir que ceux qui privent les autres de toute ressource, pour se faire un large superflu, se vantent de les avoir enrichis; cela serait le comble de la dérision si ce n'était celui de la cruauté..... Et pourtant, ces patriotes, ces philanthropes sous bénéfice d'inventaire, sont prônés, sont loués, sont exaltés par des écrivains enthousiastes; et personne ne prend la défense des malheureux qui, après s'être résignés à la plus dure existence, après

---

(1) En 1768, la Compagnie anglaise des Indes orientales a fait périr de faim deux millions d'Indiens manufacturiers. Aujourd'hui que tous les malheureux ouvriers de l'Inde, asservis par la force et par la ruse, ne peuvent plus travailler que pour cette compagnie seule, aux prix les plus modiques, elle n'est pas encore satisfaite : elle les menace de porter chez eux des machines à vapeur, et de leur ravir, par ce moyen, la misérable existence qu'elle a daigné leur laisser jusqu'ici!!!

avoir consacré leur vie au travail par un long apprentissage, par des études, par des recherches pénibles, se trouvent tout à coup, et pour toujours, privés de l'utile usage des facultés qu'ils ont eu tant de peine à se procurer ! C'est ce silence inhumain qui nous a fait entreprendre la tâche difficile que nous remplissons : si nous ne réussissons pas à éveiller l'attention des vrais amis de l'industrie nationale, et à les déterminer à s'opposer aux funestes envahissemens des monopoleurs, nous aurons du moins la satisfaction d'avoir rempli un devoir d'humanité et de patriotisme. Ce sentiment consolateur nous engage à poursuivre notre carrière.

Pour fasciner les esprits et étouffer la pitié dans les cœurs généreux, les propagateurs de machines emploient des argumens fort séduisans, il faut en convenir : ils promettent une prospérité inouïe jusqu'à présent, si l'on veut imiter les Anglais et les Américains, qui, disent-ils, doivent leur prospérité à l'emploi des grands appareils qui économisent les bras et le temps, et, par conséquent, les frais de fabrication. Ils appuient leurs promesses sur quelques avantages apparens, particulièrement sur le bas prix auquel ils donneront les marchandises, et sur l'extension qu'ils prétendent pouvoir donner, par ce moyen, au commerce extérieur de la France, qui, selon eux, entre déjà en concurrence avec celui des Anglais dans les quatre parties du monde. Ils ajoutent que l'on se trouve, en France, dans l'obligation de fabriquer aux mêmes prix que les Anglais et les Américains, si l'on ne veut pas voir notre commerce anéanti par l'introduction et le débit de leurs marchandises; enfin ils soutiennent que, si l'on repousse les machines, les arts industriels resteront stationnaires dans notre pays, tandis qu'ils marcheront de progrès en progrès dans les autres. Si on leur représente que ce système, si beau en théorie, est, en réalité, destructeur chez nous, où il y a déjà une foule d'ouvriers sans ouvrage, ils répondent froidement, que peu importent les souffrances passagères de quelques individus, pourvu que tout le peuple en retire des avantages signalés.

Examinons donc ces prétendus avantages, et, pour procéder avec ordre, voyons d'abord les bases de la prospérité que les novateurs nous promettent.

La diminution des prix, la plus attrayante des assertions pour le public, est présentée avec emphase ; cependant elle est fort hypothétique ; la qualité des objets fabriqués par les machines est-elle égale à celle des objets fabriqués à la main, et le rabais apparent n'est-il pas, pour le public qu'il attire, un véritable piège ? La solution de cette question n'entre point dans notre plan, c'est au public à décider ; il nous suffit d'avoir rappelé son attention à cet égard ; mais la diminution contestée fût-elle réelle, elle ne serait point encore un avantage pour tout le peuple proprement dit ; car elle ne profiterait pas à la généralité des consommateurs, comme on cherche à l'insinuer, mais seulement au petit nombre des habitans aisés des villes, qui seuls font usage des brillans mais frêles objets fabriqués par les machines ; les ouvriers et les habitans des campagnes en usent de plus solides, et

cela est fort heureux ; car s'ils employaient les produits des machines le désastre s'étendrait bien davan-
tage ; on aurait à déplorer la ruine de six millions
d'individus au lieu de celle des trois millions de malheureux pour lesquels nous réclamons. Or, ce que
les riches citadins payaient en plus pour se satisfaire
les gênait peu ; c'était une espèce d'impôt indirect,
insensible, volontaire, et fondé en raison puisqu'il
pourvoyait d'une manière honorable aux besoins des
ouvriers, qu'il faudra dorénavant abandonner aux
conséquences de la misère, c'est-à-dire au désespoir;
ou bien nourrir par charité, et blesser ainsi dans la
louable fierté que leur inspirait l'espoir d'être à jamais
au-dessus du besoin, et surtout de la froide et humi-
liante pitié, par l'abandon volontaire de l'usage ha-
bituel de leur force et de leur intelligence, en faveur
des possesseurs oisifs des dons de la fortune. Pour
venir à leur secours d'une manière efficace, il faudrait de si grands moyens, qu'on peut affirmer que
dans ce pays, où le mal éprouve si peu de difficulté,
et où le bien a tant d'obstacles à surmonter, les secours arriveront trop tard. Or, si l'on ne sustente
pas les ouvriers privés de travail, ils deviendront, selon l'éducation qu'ils auront reçue et leur organisation, ou des mendians plus ou moins honteux et
misérables, ou des brigands plus ou moins hardis et
féroces ; et cela, sans qu'on puisse raisonnablement
leur reprocher leur conduite, puisque la première
de toutes les lois, celle contre laquelle toutes les
autres sont impuissantes, parce qu'elles sont injustes,
c'est celle de se pourvoir du nécessaire.

La passion vous aveugle, nous dit-on, et vous niez

l'évidence..... La charrue et l'imprimerie ont nui aux manouvriers qui bêchaient autrefois la terre , et aux copistes qui multipliaient les ouvrages des auteurs du quinzième siècle ; cependant le mal momentané que ces individus ont éprouvé a produit un bien incalculable au monde entier , qui serait encore dans la misère et dans la barbarie, si une pitié ou une crainte mal entendue avait fait rejeter la charrue et l'imprimerie. Le bas prix des vêtemens produits par des mécaniques rend la condition du pauvre moins triste et moins pénible ; il lui permet de se garantir des intempéries des saisons, et par conséquent d'une foule d'incommodités et même d'infirmités qui lui ôtaient autrefois les moyens de travailler et de pourvoir à ses besoins ; l'extension donnée à l'industrie par les mécaniques augmente considérablement le nombre des ouvriers au lieu de le réduire , comme on pourrait le croire et comme vous l'affirmez gratuitement; la manipulation du coton peut être donnée en preuve , elle occupe trois fois plus d'ouvriers maintenant qu'avant l'introduction des machines. Il en est de même de tous les autres genres de fabrication ; cela est sans réplique raisonnable ; vous avez donc tort de vous élever contre les améliorations que nous présentons pour le bien de l'humanité en général. Voilà ce que disent nos adversaires , et ce qui leur fait un certain nombre de partisans.

Pour nous qui ne nous laissons point éblouir par de spécieuses allégations, et par des promesses irréfléchies ou abusives de félicité chimérique ; sans vouloir examiner si la charrue donne autant et d'aussi bons produits que la bêche , et , dans tous les cas , si les avantages produits par la charrue ne sont pas trop chèrement payés tous les jours par la facilité qu'elle donne au petit nombre de dépouiller la multitude de toute propriété foncière ; sans rechercher si l'invention de l'imprimerie est la cause ou le résultat de la renaissance des arts et des sciences , et si elle occupe maintenant un plus grand nombre d'individus qu'en occuperait, sans son secours, la culture des lettres , répandue au point où elle l'est aujourd'hui , ou même à celui où elle l'était du temps de Pline ; enfin , sans contester les avantages d'un vêtement sain , utile et agréable , nous posons en fait , sans crainte d'être démenti , que , quel que soit le bas prix des vêtemens fabriqués au moyen des machines , il faut avoir de quoi les acheter ; et que le pauvre ne possédant aucun autre moyen d'échange que son travail , si le travail lui manque il ne pourra se procurer ni les vêtemens commodes et sains qu'on lui promet, ni même , ce qui est bien plus fâcheux , une nourriture grossière mais suffisante. Cela nous paraît clairement opposé aux allégations des prôneurs de machines , et bien malheureusement inévitable , car il ne s'agit plus aujourd'hui seulement de la charrue , comme aux temps de Cérès ou de Triptolème ; de l'imprimerie , comme dans le quinzième siècle ; du métier à bas , comme dans le dix-huitième, et de la filature de coton , comme il y a quarante ans ; mais bien de tous les genres de fabrication et d'entreprise qui sont ravis à la fois à au moins trois millions de prolétaires privés en même temps de toute espèce de ressources honorables ; puisque en supposant que, comme l'affirment nos adversaires, la

manipulation du coton occupe maintenant plus d'ouvriers qu'autrefois (ce qui n'a lieu que parce que le
coton a remplacé la toile dans un grand nombre d'u-
sages et que les ouvriers en toile ont changé de travail) il s'en faut bien qu'il en soit de même des autres
branches d'industrie. Peut-on dire , par exemple ,
qu'il y aura plus de cardeurs, de fileurs, de tisseurs
de laine et de soie ; plus de tondeurs de draps, plus
de préparateurs des fils de chanvre et de lin, plus de
tisserands, etc., qu'avant l'emploi des machines qui les
remplacent ? Non assurément, on ne le peut pas, car
ce serait une dérision..... Il est donc évident que la
simplification de la fabrication des objets usuels est
nuisible à la classe ouvrière ; il ne l'est pas moins qu'elle
attaque la prospérité de ceux que cette classe alimentait ou laissait en paix ; car le manque de travail faisant
périr, disparaître du pays , ou révolter les prolétaires
sans ressource , il amène nécessairement la ruine de
la partie de la population qui tirait son aisance de
celle des ouvriers.

Les résultats offerts par la diminution du prix des
marchandises à une faible partie de la population
sont donc équivoques pour elle, et incontestablement
désastreux pour le plus grand nombre des habitans.

L'extension de nos relations commerciales avec les
deux mondes, au moyen des objets fabriqués par les
mécaniques, n'est pas soutenable.

Quels sont les produits de la France dont le monde
entier est depuis deux siècles, et sera peut-être éter-
nellement tributaire ? Ce sont, sans contredit , ceux
de notre sol et ceux de notre goût. Ceux-là, personne

ne pourra jamais nous les ravir, à moins que la suite d'un mauvais système ne ramène dans notre belle patrie l'extrême misère, qui fait abandonner la culture, et la crasse ignorance, qui fait abandonner les arts. Jusque-là nous pourrons porter partout nos produits vivifians, que nous ne saurions trop multiplier, parce qu'ils nous fourniront de suffisans moyens d'échange avec les autres peuples.

Mais que l'on ne s'abuse point sur la possibilité de l'accomplissement des promesses que l'on nous fait. Jamais nous n'entrerons en concurrence avec les Anglais pour les tissus et les métaux manufacturés à l'aide des machines; et cela, à cause de leur ancienne et puissante prépondérance partout; à cause des immenses ressources que leur présentent leur sol et la domination qu'ils exercent dans les pays qui fournissent les matières qu'ils mettent en œuvre; à cause de leur aptitude à s'emparer de nos inventions, à les perfectionner et à se les approprier au point de nous en rendre tributaires; à cause, enfin, des sacrifices momentanés que leur immense crédit, leur jalousie, leur patriotisme leur permettent de faire pour s'opposer à nos efforts : si nous pouvions entrer quelque part en concurrence avec eux pour les objets de leur industrie spéciale, ils trouveraient moyen de nous en évincer, soit par la force, soit par la ruse; cela est dans leur intérêt et dans leur caractère, cela a été et sera toujours et partout, tant qu'une formidable marine militaire soutiendra leurs innombrables vaisseaux marchands.

Ne nous le dissimulons donc pas, nulle part nous ne sommes ni ne serons jamais reçus, non en concur-

rence avec les Anglais, mais avec de moindres avantages qu'eux ; partout ils s'opposent à l'établissement
de nos relations commerciales avec des peuples dont
ils prétendent être et demeurer les agens commerciaux exclusifs : si l'on conteste ce fait, nous citerons,
à l'appui, des autorités irrécusables que nos adversaires connaissent de reste.

Sous ce rapport, les mécaniques nous sont donc
au moins inutiles, et les promesses de leurs propagateurs abusives ou inconsidérées.

La prospérité qu'ils nous promettent, si nous voulons imiter les Anglais et les Américains, n'est donc
pas soutenable, puisque ses bases sont écroulées.

Cependant, comme cette promesse est aussi séduisante qu'elle est aventurée, examinons-la de nouveau
sous une autre forme, et prouvons encore une fois que
la manie de l'imitation aveugle nos adversaires, ou qu'ils
cherchent à nous abuser pour s'enrichir à nos dépens.

On peut d'autant mieux présumer l'une ou l'autre
de ces deux hypothèses, qu'ils ne tiennent compte
ni des lieux ni des temps, et qu'ils négligent la différence des moyens, des ressources, des caractères, etc.
Ils veulent à toute force nous faire imiter les Anglais,
ils répètent sans fin que la prospérité de ce peuple,
dont ils feignent d'ignorer la jalouse rivalité, est due
aux machines, par l'économie qui les met à même de
donner les objets à plus bas prix que les autres nations. Mais cette prospérité tant vantée de l'Angleterre, si réelle pour l'aristocratie commerciale de ce
pays, qui regorge de richesses, et si contestable pour
le peuple, dont une partie vit d'aumônes, quand on
lui en donne, et périt de misère ou sur l'échafaud

quand on lui en refuse, peut-elle nous convenir? Avons-nous, comme l'Angleterre, des missionnaires commerciaux qui, sous le prétexte de propager la lecture de la Bible chez tous les peuples du monde, inspirent réellement partout le goût et le besoin des marchandises de leur patrie? Avons-nous, comme elle, d'autres agens qui savent s'introduire et s'impatroniser chez tous les peuples, qui possèdent l'art de s'insinuer dans tous les gouvernemens et d'y faire prévaloir par toutes sortes de moyens ses intérêts sur ceux des autres peuples et sur ceux même des pays où ils agissent? Avons-nous, comme elle, par ces moyens, le monde entier à notre disposition, ou du moins comme elle, de saines et populeuses colonies dans tous les climats, pour y faire consommer les produits de nos manufactures, et pour y éparpiller une partie des victimes des mécaniques? Avons-nous, comme elle, une immense quantité de vaisseaux pour occuper celles de ces victimes qui ne consentent pas à s'expatrier? Avons-nous enfin, comme elle, une charité politique organisée pour alimenter les ouvriers qui restent encore sans occupation malgré les nombreux moyens qui leur sont offerts? Nous n'avons rien de tout cela; et pourtant on ose nous proposer fastueusement l'exemple de l'Angleterre, qui, malgré ses prodigieuses ressources, est obligée de nourrir d'aumônes une partie de sa population, privée de travail par les usurpations destructives des monopoleurs! de l'Angleterre, dont la population ouvrière se révolte tous les six mois! de l'Angleterre, où les ouvriers sans travail se réunissent et s'organisent en brigades de voleurs que l'on tolère parce qu'il est impossible de les alimenter, et qu'il serait épouvantable de les détruire, puisque c'est la nécessité qui les pousse au crime! Et qu'en résulterait-il pour nous, si nous fabriquions inconsidérément une grande quantité de marchandises sans savoir comment nous les vendrons; pour nous, qui ne pouvons sortir de notre territoire sans rencontrer la mort dans nos désastreuses colonies, et partout ailleurs l'insurmontable, la ruineuse, la désespérante concurrence anglaise? Bientôt les magasins seraient encombrés de marchandises, et les manufacturiers, les marchands et les ouvriers seraient dans une affreuse détresse, au milieu des riches et belles productions des mécaniques dont on ne trouverait pas à se défaire; de là d'affreuses banqueroutes qui achèveraient la ruine de l'industrie et du commerce (1). Dans ce fâcheux état il ne nous resterait d'autre chose à faire que d'imiter, non la décevante et cruelle charité des monopoleurs anglais, parce qu'elle ne suffirait pas chez nous, mais la noble et politique munificence des anciens sénateurs romains; de nour-

---

(1) Déjà une grande gêne se fait sentir partout, et l'on demande à grands cris que des débouchés soient ouverts, comme si cela était possible; comme si les Anglais et les Américains n'étaient pas partout en possession du commerce; comme s'il n'y avait qu'à vouloir, qu'à commander, pour les obliger à nous céder leur place. Il serait plus raisonnable de reconnaître que le mal vient des mécaniques et du monopole qui en résulte nécessairement. Il serait surtout plus convenable, dans l'intérêt de tous, de demander qu'il fût promptement apporté de justes et salutaires restrictions à la fabrication par les machines. C'est le seul remède applicable en France, il est encore temps de l'employer; plus tard, une horrible secousse pourrait engloutir les envahisseurs eux-mêmes.

rir le peuple, ou de le tenir constamment occupé à
la conquête de l'univers.... Avons-nous, pour imiter
un si noble exemple, la vertu, le patriotisme, la
fixité de plan, le courage, l'ambition, enfin, du sé-
nat de l'ancienne Rome? Comme lui, sommes-nous
redoutés de tous les peuples? Comme lui, recevons-
nous en tribut les productions de tous les climats?...
Conformons-nous donc à notre situation, et ne la faus-
sons pas en nous livrant à des prétentions incompa-
tibles avec nos moyens. Mais s'il ne nous convient pas
d'imiter, nous pouvons faire mieux, nous pouvons
servir d'exemple par la sagesse de nos vues et de
notre conduite : nous pouvons cultiver notre sol et les
arts, et porter ces deux branches vivifiantes à un haut
point de perfection. C'est là ce que nous devons
faire. Sachons donc prévenir ainsi les maux auxquels
il nous serait impossible de remédier; cette tâche
nous suffit, elle est digne de nous. Il ne nous manque que ce genre de gloire, sachons l'ajouter à nos
autres palmes, celle-là sera la moins brillante peut-
être, mais à coup sûr la plus durable de toutes.

L'Angleterre, qui domine aujourd'hui le monde
commercial, et les Etats-Unis, qui le domineront un
jour, sont dans des positions bien différentes de la nôtre.
L'Angleterre, voulant être maîtresse exclusive du commerce du monde entier, a besoin de porter partout
ses citoyens : ses besoins, à cet égard, sont tels, qu'elle
manquerait d'agens si des mécaniques ne venaient
à son secours pour fabriquer les marchandises, et
laisser disponibles les individus qui lui sont indispensables non-seulement pour porter et vendre ses produits,
mais encore pour établir et consolider sa puissance

partout. Rigoureusement parlant, et abstraction faite de tous sentimens d'humanité, on peut donc dire que, dans ce pays, plus une mécanique économise de bras et plus elle est utile, sinon au peuple, dont une partie reste misérable malgré les ressources multipliées qui lui sont offertes, du moins au gouvernement, qui, sans ce moyen, serait embarrassé pour se procurer les agens indispensables à l'exécution de ses vastes projets de domination universelle.

Les États-Unis seuls prospèrent réellement par le secours des machines qui leur procurent les objets dont ils ont besoin et ceux qu'ils peuvent vendre à leurs voisins, sans se priver des bras que réclament leur sol encore vierge et leur marine naissante; et cela, parce qu'ils donnent des terres à ceux qui en demandent, et font des avances à ceux qui en ont besoin. Ce pays prépare sa splendeur et sa force par l'accroissement de sa population; et nous, nous préparons notre ruine par la destruction de notre classe laborieuse, qui disparaît toujours d'où elle ne trouve plus les moyens de subsister : il a raison d'accueillir les machines, parce qu'il en a besoin pour économiser les bras dont il manque; nous avons tort de les admettre, parce que nous avons une foule d'ouvriers qui manquent de travail.

Le résultat des machines et le monopole qui s'établit naturellement par leur moyen, au lieu d'être des sources de prospérité, comme on nous le répète, sont donc au contraire désastreux pour notre pays, puisque nous n'avons pas, comme les Anglais et les Américains, des terres, des comptoirs, des commandemens et des vaisseaux à offrir pour refuge aux victimes des machines et du monopole, dont le nombre serait, chez nous, d'au moins trois millions d'individus.

Nos adversaires persistent cependant à dire que peu importent les souffrances du petit nombre, pourvu que le plus grand prospère, et nous sommes obligé de démontrer que ce principe fondamental des sociétés n'est plus qu'un pitoyable sophisme dans leur bouche, lorsqu'ils osent l'invoquer en faveur de leur système envahisseur.

Qu'est-ce qu'un peuple? c'est la généralité des habitans d'un pays. Quel est le motif de toute agglomération sociale? c'est l'espoir du bien - être de chacun de ses membres. Or cet espoir est cruellement déçu pour le plus grand nombre, et l'on vient encore inhumainement le détruire dans sa source; car il est notoire, pour tous ceux qui ont quelque connaissance de notre organisation sociale, que les quatre cinquièmes de la population de la France, ou vingt-quatre millions d'individus, ne tirent leurs moyens de vivre que de leur seul travail, et que, du cinquième restant, plus des neuf dixièmes, ou au moins cinq millions cinq cent mille, ont besoin de joindre le travail à ce qu'ils possèdent pour élever leurs familles, qui composent ce que l'on nomme la classe aisée, bourgeoise ou intermédiaire : reste environ cinq cent mille riches, formant à peu près cent mille familles, qui possèdent les grandes propriétés, les grandes fortunes, les grands emplois. Voilà de quoi se compose notre population de trente millions d'habitans.

Dans l'état ordinaire des choses, sur les vingt-quatre millions de prolétaires, huit millions, tout au plus, tirent leur existence du travail exclusif des terres; huit millions, au moins, l'obtiennent du confectionnement des objets que la civilisation a rendus nécessaires. Le commerce de ces objets et de ceux de première nécessité fait vivre quatre millions de personnes ; l'État nourrit environ un million de soldats, de marins, de douaniers, d'employés subalternes de toute espèce, etc. ; des trois millions restant, deux se placent comme domestiques, et le dernier vit à l'aventure, d'aumônes ou de brigandage.

Des huit millions d'ouvriers et des quatre millions de marchands, moitié au moins, ou six millions, souffrent maintenant de la simplification du travail par les machines et les grandes entreprises, résultat de l'égoïsme du petit nombre de riches, et trois millions sont ou seront bientôt, si l'on ne s'y oppose, absolument privés de pain, parce que chaque jour une nouvelle mécanique, une nouvelle entreprise, vient leur ravir les seuls travaux qu'ils pouvaient faire.

Ces trois millions de misérables forcés, ajoutés au million de vagabonds volontaires, font quatre millions d'ennemis de la société qui leur refuse l'existence..... que l'on s'étonne après cela de la multiplicité des crimes! que l'on se plaigne de l'insuffisance de la morale religieuse et de la sévérité des lois !... la faim et le désespoir l'emporteront toujours sur les freins sociaux...

Loin de retirer des avantages signalés de l'adoption des machines, le peuple entier de la France y perdra donc réellement, en augmentant le nombre de ses ennemis intérieurs, les plus à craindre sous tous les rapports.

Mais, nous réplique-t-on, vous convenez qu'il n'y

aura qu'un malheureux sur dix ; on peut donc dire, sans inhumanité, que peu importe le malheur de celui-là, puisqu'il assure le bien-être des neuf autres ; il n'existe pas d'organisation sociale à meilleur marché...

Cet argument est dérisoire de la part de nos adversaires, dont le défaut n'est pas l'ignorance, à beaucoup près. Cependant ils le répètent sans cesse, et nous sommes forcé de le discuter. Discutons-le donc : ils ne peuvent l'appuyer que sur la diminution du prix des marchandises ; mais cette diminution équivoque n'est applicable qu'à la seule population des villes : le nombre de ceux qui en profitent n'est pas de neuf sur dix ; il est tout au plus de quatre sur dix, proportion connue de la population des villes sur celle des campagnes : et comme, dans les villes, il s'en faut de beaucoup que tous les habitans soient à l'aise, il faut encore réduire la proportion et la porter seulement à deux sur dix ; or, pour satisfaire ces deux dixièmes de la population entière, est-il juste, est-il avantageux d'en réduire un à l'affreuse alternative de devenir criminel ou de périr de la plus cruelle des souffrances, de la faim !.....

Admettons cependant, pour un moment, que le petit nombre de ceux qui profitent des avantages que présentent les mécaniques doivent l'emporter par leur importance sociale. Pourvoient-ils seuls aux besoins de l'État ? paient-ils des impôts progressifs en raison de l'accroissement de leur fortune ? cela serait juste ; car s'ils profitent seuls de ce que gagnaient leurs victimes, ils devraient prendre leurs charges comme ils ont pris leurs avantages ; mais il n'en est pas ainsi : les uns cachent leur fortune en portefeuille et paient moins que les plus petits marchands ; les autres sont assez puissans ou assez adroits pour faire alléger leurs contributions, et la masse des besoins de l'État retombe presque entière sur la classe laborieuse, qui s'énerve, se ruine, s'éteint tous les jours, parce qu'elle est forcée de s'imposer les plus dures privations pour acquitter les impôts qui l'accablent, et qu'elle paie injustement.

Les souffrances de la partie du peuple privée de travail par les mécaniques ne font donc pas la prospérité de l'État? Elles font donc au contraire sa ruine, et la consommeront infailliblement, à moins que l'on n'établisse l'impôt proportionnel et progressif sur les fortunes et sur les objets de luxe, et que, comme dans l'ancienne Rome et en Angleterre, le peuple industrieux et pauvre soit nourri aux frais des riches.

Forcés enfin de convenir qu'il serait odieux et dangereux, ou au moins très-onéreux, de sacrifier plus de trois millions d'individus pour diminuer les frais de toilette et de satisfaction de fantaisie de six millions d'oisifs citadins, les défenseurs des machines nous taxent d'exagération dans l'exposé que nous faisons de la détresse des ouvriers, et assurent, avec le calme de l'insouciance résultant de leur heureuse situation, que ceux qui se trouveront privés de travail par les mécaniques ne mourront pas de faim ; qu'ils trouveront facilement autre chose à faire ; et que, s'ils ne trouvent pas de suite de l'occupation, l'État pourvoira à leurs besoins en attendant qu'ils puissent y pourvoir eux-mêmes.

Cela est fort aisé à dire, à ceux qui n'ont jamais été privés du nécessaire, et qui, pour la plupart, doivent leur aisance aux travaux de leurs parens ; mais tous ceux qui ont été forcés de changer de profession , qui ont été en butte à la misère , et qui ont eu à supporter les dédains insultans de l'égoïsme, l'orgueilleuse ou la cupide protection de la plupart des dispensateurs du travail ; ceux-là savent s'il est facile de changer d'état et de trouver autre chose à faire, quand ce que l'on sait devient inutile !

Dira-t-on que le bas prix des marchandises augmentant le nombre des consommateurs et leur permettant de satisfaire de nouveaux besoins, de nouvelles branches d'industrie seront ouvertes aux ouvriers privés de travail par les mécaniques?

Mais, sans parler des obstacles que l'âge ou la nécessité d'un nouvel apprentissage présentent, si les nouveaux travaux auxquels les ouvriers se livreront sont lucratifs, bientôt ils leur seront ravis, et pour toujours, par de nouvelles et désespérantes machines ; cela est incontestable : et pourtant, les monopoleurs nous diront encore que les ouvriers , qu'ils poursuivent, feront autre chose ! Mais que feront en définitive ceux pour lesquels nous réclamons, puisque de proche en proche on leur ravit successivement tout ce qu'ils pourraient faire? Pour ne citer que quelques exemples entre mille, que feront les ouvriers qui refendaient les arbres, ceux qui poussaient les moulures sur le bois et sur le fer, ceux qui faisaient les épingles, les clous, les vis, etc., etc.? Que feront les ouvriers imprimeurs , les râpeurs de tabac, les broyeurs de couleurs, etc., etc., et que feront les malheureuses qui fabriquaient, en gagnant si peu, les dentelles les plus somptueuses? Que feront enfin, tous ceux qui sont remplacés par les machines à vapeur appliquées à tout par la cupidité des capitalistes? Quels sont les besoins sociaux à la satisfaction desquels le pauvre peut contribuer? Ce sont ceux du logement, de la nourriture, de l'habillement; ce sont ceux qui naissent du luxe et de l'ennui ! Or, le logement ne procure que des travaux rares, à cause de sa solidité, surtout quand, comme aujourd'hui, il y en a plus qu'on n'en peut occuper; la nourriture, résultant de la culture, exige des avances dont le pauvre est dépourvu, et emploie tous les jours moins de bras par suite du perfectionnement des instrumens aratoires; si l'on ravit aux prolétaires le confectionnement des objets d'habillement et de luxe que feront-ils? il ne leur restera de professions innocentes que celles de saltimbanques ou de mendians. En effet, tout leur manque à la fois : le commerce de détail des objets manufacturés leur est interdit par nos philanthropes de nouvelle origine : le monopole de la fabrication ne suffisant pas à leur convoitise, ils ont cru devoir y ajouter celui de la vente des tissus, et ils ont ouvert partout d'immenses magasins où ils vendent au rabais, mais à prix fixe et au comptant, depuis les schals les plus somptueux, les dentelles les plus riches, les draps les plus fins, jusqu'aux modestes cotonnades, aux humbles chaussettes, aux légers écheveaux de fil. Ils y vendent de tout; et le faible bénéfice qu'ils offrent aux consommateurs fait abandonner les petits marchands qui vivaient naguère en détaillant au public, auquel les marchands en gros ne vendaient point(1).

____

(1) Ces deux classes de marchands, se trouvant hors d'état de remplir leurs engagemens envers ceux qui leur fournissent les marchandises qu'ils ne peuvent plus vendre, font banqueroute

Les travaux de force échappent également tous les jours aux prolétaires, par le fait des grandes entreprises de fabrication ou de transport, parce que le monopole étend ses envahissemens sur tout ce qui offrait aux pauvres des moyens certains de subvenir à leurs besoins.

Dira-t-on que la culture leur offrira d'abondantes ressources? qu'ils cultiveront les terres qui sont encore incultes en France? Ce serait sans doute ce qu'il y aurait de mieux à faire, et ce à quoi l'on arrivera tôt ou tard, car la terre est la mère nourricière des hommes; mais cela n'aura lieu que lorsqu'on sentira la nécessité de coloniser nos terres incultes, d'arriver à une division systématique des grands fermages actuels; et, pour atteindre ce but, d'aider les nouveaux cultivateurs pendant les premières années. En attendant, les ouvriers sans travail seront privés de toute ressource, car, en agriculture, indépendamment de la force et de l'aptitude nécessaires, il ne suffit pas de vouloir pour pouvoir, il faut être propriétaire ou fermier : dans les deux cas, il faut posséder ce qui est nécessaire à la culture et avoir de quoi vivre en attendant les résultats du travail. Autrefois l'habitant pauvre des campagnes se pourvoyait de ce que la terre lui refusait par le secours qu'il tirait de l'industrie que les

---

l'un après l'autre, et se sauvent où ils peuvent. Or, ces marchands sont en grand nombre, ils paient des patentes, ils paient des loyers, ils font travailler un certain nombre d'ouvriers ; en faisant banqueroute, ils font tort à tous ceux qu'ils faisaient vivre : on les maudit, tandis qu'on devrait les plaindre puisqu'ils sont les premières victimes du monopole.

machines lui ravissent : aujourd'hui le perfectionnement des instrumens aratoires et la simplification de
la culture ne lui laissent pas même l'espoir d'être em-
ployé, comme journalier, dans les grandes propriétés
agricoles où le secours des bras est devenu presque inutile. Les droits de pêche et de chasse, qui lui seraient
si précieux dans sa détresse, lui sont interdits par
l'organisation sociale. Que veut-on qu'il devienne ?
Comment veut-on qu'il vive et qu'il pourvoie à l'existence de sa famille ?

Ignore-t-on d'ailleurs que, par une autre fatalité,
le système d'envahissement s'étend aux terres comme
au commerce et à l'industrie ? que tous les jours le
nombre des prolétaires s'augmente dans les campagnes
par l'agglomération des petites propriétés, achetées à
vil prix aux victimes des mécaniques, et par la recom-
position d'immenses domaines dont moitié, au moins,
est ravie à la culture par les riches possesseurs qui ont
besoin de parcs, de bois de garennes, pour se livrer
au plaisir de la chasse.

Les ouvriers sans travail, les manufacturiers sans
commande et les marchands sans débit, seront donc
privés de la dernière ressource qui leur restait : leur
nombre s'élève au moins à trois millions d'individus
ruinés ou menacés dans leur existence, et cela pour
augmenter outre mesure la fortune déjà immense
d'un millier de capitalistes, qui ne feront pas vivre
cent mille familles, ou trois cent mille individus, et
qui sont abusivement et dérisoirement présentés
par des publicistes inconsidérés, comme les soutiens, les propagateurs, les créateurs de l'industrie
française ! ! !

Osera-t-on nous dire encore que l'Etat pourvoira aux besoins des victimes des mécaniques? Mais comment le pourrait-il, lorsque le nombre des malheureux, déjà si considérable et si mal secourus, s'augmente tous les jours?... Cela est impossible, l'État n'est pas assez riche. Le creusement de quelques canaux ou quelques travaux de routes, les seuls moyens qu'il ait à sa disposition, suffiront-ils pour secourir efficacement trois millions d'ouvriers absolument privés de ressources par l'égoïsme des manufacturiers monopoleurs.

Eh bien ! disent nos adversaires poussés à bout, en supposant que vos craintes soient fondées, et que l'établissement des mécaniques fasse autant de victimes que vous le dites, nous n'en aurons pas moins droit à la reconnaissance nationale que vous cherchez à nous ravir, parce qu'il est évident, pour tous ceux qui ne sont pas aveuglés par la passion, que quels que soient les inconvéniens que présentent les machines, la force des choses est telle maintenant en Europe, qu'il est impossible à la France de se priver de leurs secours sans éprouver de bien plus graves inconvéniens : d'une part, les arts industriels y resteraient stationnaires, tandis qu'ils se perfectionneraient partout ailleurs, ce qui serait honteux pour la nation ; et de l'autre, l'industrie et le commerce seraient entièrement détruits en France par l'introduction et le débit, à vil prix, des marchandises étrangères, qui, étant plus belles et moins chères que celles du pays, seraient achetées de préférence, quelle que soit la sévérité que l'on mette pour s'y opposer. On est obligé d'imiter ses voisins quand ils trouvent des moyens

économiques de fabrication , comme quand ils ima-
ginent des moyens supérieurs d'attaque. Que dirait-on
d'un peuple qui s'obstinerait à opposer des flèches et
des javelots à un ennemi qui l'attaquerait avec des fusils
et des canons? On dirait qu'il veut se perdre ; on en aurait pitié ; on le plaindrait comme on plaint un insensé.
Voilà le cas où nous serions ; nous serions écrasés si
nous voulions rester stationnaires au milieu du mouve-
ment général. Tel est le véritable état des choses : entre
deux maux il fallait choisir le moindre. C'est ce que
nous avons fait en nous déterminant à propager les
machines qui, du moins, soutiendront la gloire et la
fortune de notre pays, en nuisant au plus petit
nombre possible. Cessez donc vos plaintes et surtout
vos injustes reproches d'égoïsme et de cupidité , un
patriotisme prévoyant seul nous anime.

Cette explication est vive , brillante et spécieuse ;
mais en l'examinant avec calme on reconnaît bientôt
qu'elle manque de justesse. Si quelque chose peut
nuire aux perfectionnemens, dont la prévision hu-
maine ne peut entrevoir le terme dans les arts industriels, ce sont bien certainement les mécaniques :
elles seules peuvent et doivent y porter obstacle ; car
quel est l'aliment de l'émulation chez tous les hommes ? C'est l'espoir du succès : et quand l'émulation
est-elle plus active? lorsque le nombre des concurrens
est plus grand. Quand ce nombre est-il le plus
grand possible? Alors que le génie, le travail, la
constance sont seuls nécessaires aux concurrens, et
lorsque égaux en moyens ils peuvent se passer d'é-
normes capitaux pour produire le résultat de leurs
veilles.., voilà quand la véritable industrie se déve-

loppe ; voilà quand les perfectionnemens se succè-
dent avec une étonnante rapidité ; mais quand d'immenses et dispendieuses machines produisent, avec
une désespérante facilité, tous les objets usuels au
profit d'un millier de riches monopoleurs, quels efforts, quelles tentatives de perfectionnement peut-on
attendre des artisans découragés par l'impossibilité de
lutter contre ce qui existe? Il n'en est plus de pos-
sibles pour ceux qui ne possèdent que du talent. Ce
sont donc les machines qui doivent rendre les arts
stationnaires dans notre pays, et non leur exclusion
comme on veut le faire croire : elles y détruiraient
l'émulation, cela est incontestable.

Si l'on repousse les mécaniques, la fabrication manuelle ou du moins partielle, se reportera dans les
campagnes ; les ouvriers redeviendront propriétaires,
ils cultiveront le sol, le féconderont, s'y attacheront,
deviendront pères de famille et citoyens, de débau-
chés et cosmopolites vagabonds que les mécaniques
les avaient rendus. Les perfectionnemens que le génie inventif de nos artistes ne manquera pas de produire seront utilement appliqués aux branches d'industrie que la France peut exploiter non-seulement
sans inconvéniens, mais encore avec avantage pour
sa population ; on fera faire de mieux en mieux, par
les ouvriers, les objets nécessaires à notre consomma-
tion intérieure et les objets de goût que nous pourrons toujours porter partout sans craindre de concurrens. Dans l'intérêt bien entendu du pays on récom-
pensera les ingénieux inventeurs de machines, mais
l'on se gardera de faire produire à un cheval, à l'eau,
et surtout à la dangereuse vapeur, le travail des

hommes ; on laissera ces procédés désastreux et les produits qu'ils donnent aux inhumains et cupides capitalistes anglais ; la perte des avantages que quelques monopoleurs pourraient retirer des mécaniques , sera amplement compensée chez nous par l'aisance et le bien-être de la multitude aujourd'hui menacée dans son existence.

Quant aux craintes , si patriotiquement manifestées par nos adversaires, de voir notre commerce et notre industrie ruinés par l'introduction et la vente à vil prix des marchandises anglaises, croit-on sérieusement que ce soit en cherchant à fabriquer au même prix et par les mêmes moyens que l'on soutiendra les six millions d'individus qui subsistent en France par la fabrication et le débit des marchandises dont il s'agit ? C'est une dérision, puisque cet expédient mettrait ces deux branches alimentaires de plus du quart de nos prolétaires entre les mains d'un petit nombre de riches capitalistes. Qu'on ne s'y trompe point ; ce n'est qu'à la stricte exécution des lois prohibitives que l'on peut avoir recours avec quelque espoir de succès : et qu'on en soit sûr , nos adversaires ne se font pas assez illusion pour compter sérieusement sur l'effet de leur éclatante et effrayante opposition des canons aux javelots ; ils sont trop instruits pour cela ; ils savent aussi bien que nous que leur comparaison manque de justesse , puisqu'il est certain que le but de l'établissement des douanes est bien moins, chez tous les peuples , de remplir les coffres du trésor par la recette faite aux frontières , que d'assurer la prospérité du commerce et de l'industrie de chaque nation , en empêchant chez elle l'introduction des marchandises étrangères. Tel est le véritable but des douanes, et nos vœux se bornent à son accomplissement.

Mais veut-on considérer la chose sous un autre aspect, on ne tarde pas à reconnaître que, quels que soient les procédés que l'on emploie en France, on ne pourra jamais y fabriquer à aussi bas prix qu'en Angleterre, à cause de l'influence que les Anglais exercent dans les pays qui fournissent les matières premières, et que, sous ce rapport, on pourrait toujours craindre l'introduction de leurs marchandises, puisqu'elles seraient toujours à meilleur marché (1). Cela est évident; mais ce n'est encore rien : l'anglomanie qui anime une partie de notre population riche, frivole et sans patriotisme, est la véritable cause de l'introduction des produits de l'Angleterre. Tout ce qui vient de ce pays paraît parfait, excellent, inappréciable à nos gens de bon ton ; les merveilles de notre industrie ne trouvent grace auprès d'eux que sous une forme et sous un nom anglais. C'est pour les enthousiastes irréfléchis de l'Angleterre, pour les inconséquens admirateurs des Anglais (dont l'âpre et exclusif patriotisme devrait leur faire honte) que nos lois prohibitives et nos lignes de douanes sont et seront toujours, quoi qu'on fasse, des obstacles impuissans, et non le système de fabrication adopté, quelles que soient les allégations à cet égard.

L'exclusion des machines n'arrêtera donc pas chez

---

(1) Le prix courant des bons calicots est, en Angleterre, de 6 à 10 sous l'aune ; il est encore en France de 15 à 30 sous.

nous l'essor des perfectionnemens dont les arts industriels sont susceptibles, et ne sera pas la cause de l'introduction d'un surcroît de produits étrangers. Nos adversaires n'ont donc pas été obligés de choisir, par un patriotisme prévoyant, comme ils le disent, le moindre des maux entre ceux qui nous menaçaient; ils n'ont donc aucun droit à la reconnaissance de leur pays ; nos reproches ne sont donc point injustes, puisqu'il est notoire qu'ils ne suivent que leur seul intérêt pécuniaire, le plus vil moteur des actions des hommes, et que pour le satisfaire ils causeraient sans scrupule la ruine d'au moins trois millions de leurs concitoyens, et en désoleraient autant par la crainte toujours renaissante de leurs entreprises désastreuses.

Mais quels sont ceux qui prônent avec tant de complaisance les résultats des machines? Ce sont ceux qui proclament en même temps tous les jours l'utilité, la nécessité de l'instruction du peuple, comme si l'instruction des enfans ne dépendait pas de l'aisance des pères, que le système de monopole de fabrication et de débit qui s'établit, tend à réduire à la misère ! Ce sont ceux-là même qui combattent tous les jours le rétablissement des corporations, des jurandes, des maîtrises, etc. ; et que disent-ils contre ces anciennes institutions ? qu'elles mettaient l'industrie et le commerce dans un très-petit nombre de mains, comme si les mécaniques ne devaient pas incontestablement produire le même résultat, par l'impossibilité dans laquelle se trouve le grand nombre des artisans de lutter contre des appareils aussi dispendieux ! Ce sont ceux même qui se plaignent tous les jours du peu d'activité de notre commerce intérieur, et des faibles résultats de nos relations lointaines ; comme si l'encombrement des magasins de tous les pays avait une autre cause que l'immense disproportion des produits fournis depuis long-temps par les mécaniques, avec les besoins des peuples ! Ce sont enfin ceux qui ont accueilli avec transport la déclaration de la liberté universelle du commerce , fastueusement proclamée par le ministère Canning ; comme si cette déclaration avait eu un autre but que celui de rouvrir au commerce anglais les ports et les marchés des nations qui avaient prohibé ses marchandises ; et d'arriver ainsi, si elles donnaient dans le piège, à l'anéantissement complet de leur commerce et de leur industrie par l'introduction et le débit à vil prix chez elles, des immenses et surabondans produits des mécaniques anglaises! Que doit-on penser de la raison ou de la conscience de ceux qui se trouvent ainsi en contradiction avec les faits, ou avec les conséquences de leur système?...

Et quel moment choisit-on pour abréger le travail, pour diminuer l'emploi des bras des prolétaires! Celui où l'on recherche avec ardeur les moyens de détruire la mendicité en France ; celui où tout ce qu'il y a de raisonnable dans le pays reconnaît l'avantage qu'il y aurait à inspirer le goût du travail aux condamnés dont nos prisons sont déjà remplies ; celui où le nombre des forçats libérés , devenu considérable , provoque tous les jours, et de tous côtés, des demandes d'occupation pour ces malheureux réprouvés, dont la société entière redoute le désespoir ; celui où la classe riche , la plus consommatrice de toutes, tend à se

concentrer, à se diminuer en nombre, à se res-
treindre dans ses dépenses, par la retraite et l'entrée
dans des couvens et dans des séminaires, d'une grande
partie de la jeunesse qui, pour la satisfaction de ses
goûts et de ses besoins sociaux, aurait fait vivre une
multitude d'ouvriers de tous genres! Celui enfin où la
morale religieuse, prêchée avec une nouvelle ferveur,
défend à tous le luxe et les plaisirs mondains, seuls
alimens d'une partie de la classe laborieuse chez les
peuples civilisés!..... L'inconséquence est par trop
forte ; elle ne peut échapper à personne.

Ne nous laissons donc pas aller à l'imitation de ce
qui se fait chez les autres peuples, sans un mûr examen, afin de ne plus mériter le reproche de légèreté
qui nous est fait depuis si long-temps. N'oublions pas
que ce qui est bien dans un pays, peut être un grand
mal dans un autre : tenons compte des lieux, de la
forme des gouvernemens, du caractère des peuples,
de leurs vues, de leurs moyens : opposons nos mœurs,
notre caractère, notre situation, à ceux des autres
peuples; et surtout, choisissons bien les ressources que
nous devons employer pour nous préserver des maux
que souffrent nos voisins, et qu'une imitation irréfléchie
de ce qui se passe chez eux pourrait nous amener (1).

Nous croyons avoir suffisamment démontré que
chez les peuples civilisés, les prolétaires, c'est-à-dire
les quatre cinquièmes de la population, n'ayant

____

(1) La recherche de ces ressources et l'examen des moyens
présentés par M. Dupin seront l'objet de la troisième partie de
cet ouvrage, qui paraîtra incessamment.

d'autre ressource que le travail, c'est à augmenter cette ressource, et non à la diminuer, que doivent tendre constamment les efforts de la société entière, et particulièrement ceux des vrais amis de leur pays et de l'humanité.

Que si les machines, employées avec mesure à la fabrication, peuvent être utiles et profitables dans les pays où les bras manquent, elles ne peuvent qu'être ruineuses dans ceux où il se trouve habituellement un grand nombre d'ouvriers sans occupation.

Que nous trouvant dans ce dernier cas, notre prospérité ne peut nullement résulter de l'imitation des Anglais et des Américains, parce que notre position, et par suite nos intérêts, sont très-différens.

En effet, la diminution du prix des objets fabriqués par les machines n'est point en rapport chez nous avec le mal qu'il faut faire pour l'obtenir, parce qu'elle ne profite qu'à une très-faible partie de la population des villes et nuit considérablement à tout le reste.

L'extension de nos relations commerciales n'aura jamais d'autres causes réelles que l'excellence des produits de notre sol et les efforts constans de nos artistes pour produire des objets de goût; ces deux branches de revenus, que l'on ne saurait trop encourager et propager, seront toujours certaines pour nous, à moins que l'extrême misère et l'ignorance crasse ne viennent nous atteindre, et nous priver des facultés qui nous distinguent maintenant des autres peuples.

En nous bornant aux deux branches d'industrie et de commerce extérieur qui nous conviennent, et à la seule production de ce qui nous est nécessaire dans les autres branches, nous ne ferons qu'obéir à la raison, qui veut que nous procurions de l'occupation à nos ouvriers, et céder à la nécessité, qui nous interdit de chercher à établir une concurrence qu'il nous serait absolument impossible de soutenir, et dont la courte durée, si elle pouvait avoir lieu, amènerait la ruine de nos avides, mais aveugles capitalistes, et entraînerait dans leur chute tout le commerce français.

La fabrication partielle, la division du travail, son éparpillement dans les campagnes, voilà ce qu'il nous faut, parce qu'il désemplira les villes, ramènera les ouvriers à une vie plus saine, plus active, variera leurs travaux, les attachera au sol où ils trouveront un surcroît de bien-être en employant utilement leur temps, celui de leurs femmes et celui de leurs enfans, à cultiver en même temps la terre et un métier lucratif, comme cela a eu lieu dans presque toutes nos provinces, et comme cela a encore lieu dans quelques départemens que leur éloignement a jusqu'ici préservés de l'atteinte des mécaniques: c'est là ce qu'il nous faut, et non un système de fabrication qui ruine les petits propriétaires et les oblige à vendre leurs parcelles de terre en les privant du travail auxiliaire qui alimentait une partie de leur famille.

L'on ne doit point craindre de voir les arts industriels stationnaires en France, tandis qu'ils iraient toujours se perfectionnant ailleurs, si l'on se prive du secours des machines; cette crainte est démentie par notre caractère national, qui nous porte essentiellement à la variété des créations; la multiplication des machines pourrait seule nuire à notre industrie en détruisant l'émulation de nos artisans.

Les craintes de voir notre commerce et notre industrie ruinés par l'introduction des marchandises étrangères sont fondées ; mais ce n'est qu'à la stricte exécution des lois prohibitives que l'on peut avoir recours avec espoir de succès, parce que le nouveau mode de fabrication ruinerait également la multitude des fabricans, des marchands et des ouvriers.

L'allégation vague, faite par les propagateurs de machines, que les ouvriers feront autre chose, est abusive ou dérisoire, selon le degré d'instruction de ceux qui la font ; puisque d'un côté toute espèce de travail est successivement ravie à l'ouvrier par de nouvelles mécaniques, et que de l'autre la culture des terres exige des conditions presque impossibles à remplir par les prolétaires, toujours privés des avances ou des facultés indispensables : d'ailleurs, les manouvriers ne se livrant au travail des manufactures que parce qu'ils ne trouvent plus à s'occuper assez lucrativement sur la terre où ils ne possèdent plus rien, il y aurait de l'inhumanité, et même de la cruauté gratuite, à leur ravir la fabrication des objets usuels par l'adoption des machines, puisque, loin que les demandes de marchandises surpassent les produits, l'on ne sait que faire de ce qui est fabriqué, que les magasins en sont remplis, et que les plaintes à cet égard s'élèvent de tous les points de la France.

Enfin, il est notoire que le désastre de la classe ouvrière est contagieux ; il entraîne celui des marchands, et celui des ouvriers que ces marchands faisaient vivre ; et, quels que soient les moyens que l'on propose, l'État n'est pas assez riche pour secourir efficacement tous les malheureux que ferait le mode de fabrication que l'on cherche à introduire par une imitation irréfléchie de l'Angleterre ; imitation d'autant plus inconvenante qu'elle ne saurait être complète chez nous, où une taxe pour les ouvriers sans travail serait difficile à établir, offensante pour la classe qui en serait l'objet, et bien insuffisante pour prévenir les conséquences de l'oisiveté nécessiteuse d'un grand nombre de mécontens.

C'est maintenant à nos lecteurs à décider si l'axiome : *le bien de tous est la loi suprême*, invoqué par nos adversaires, peut être appliqué en France aux résultats donnés par les mécaniques ; si l'on peut appeler tout un peuple, les deux dixièmes de la population ; si la prospérité d'un pays résulte de l'immense richesse du petit nombre ou de l'aisance relative de la généralité des habitans, enfin si, retournant l'argument contre ceux qui le poussent, il n'est pas de l'intérêt de tous de ranimer la fabrication manuelle dans les campagnes ; et, pour y parvenir :

De veiller à la stricte exécution des lois de douanes ;

D'établir, sur les grandes entreprises manufacturières et commerciales, un impôt progressif et proportionné à leur importance (1) ;

D'assujettir les entreprises de fabrication au moyen des machines abréviatives du travail, et par conséquent destructives des ressources du pauvre, à l'approbation d'un conseil spécial, comme le sont déjà

---

(1) Cet impôt pourrait être affecté spécialement au défrichement des terres incultes qui seraient concédées à des familles privées de ressources.

celles de la fabrication des objets qui peuvent nuire à la sûreté ou à la salubrité publique.

Nous croyons ces mesures d'une indispensable nécessité pour diminuer les inconvéniens du mode de fabrication qui s'établit en France; mais c'est aux publicistes éclairés et patriotes, c'est à tous les vrais amis de l'industrie française, auxquels nous soumettons nos idées, à décider si elles sont justes et si nous avons atteint le but que nous nous sommes proposé, celui d'être utile à notre pays en cherchant à préserver de la misère, et du désespoir qui en résulterait nécessairement, le grand nombre de nos compatriotes qui n'ont d'autre ressource que leur travail.